C में ट्रिक्स - SQRT () फ़ंक्शन का उपयोग किए बिना वर्गमूल ढूँढना

प्रसेनजीत दास

यह पुस्तक उन सभी प्रोग्रामिंग प्रेमियों को समर्पित है, जो प्रोग्रामिंग के नए तरीकों का प्रयोग करने का जुनून रखते हैं।

क्रम-सूची

भूमिका

प्रोग्राम कोड में हेडर फ़ाइल MATH.H को शामिल करने के बाद अंतर्निहित फ़ंक्शन SQRT का उपयोग किया जाता है। MATH.H बिल्ट-इन लाइब्रेरी हेडर फाइल है जिसमें विभिन्न आवश्यकताओं के अनुसार डेटा के गणितीय प्रसंस्करण के लिए सभी गणितीय कार्य शामिल हैं।

৽

यह पुस्तक SQRT बिल्ट-इन फ़ंक्शन का उपयोग किए बिना किसी संख्या का वर्गमूल ज्ञात करने की प्रोग्रामिंग अवधारणा का परिचय देती है।

1

लाइब्रेरी हेडर फ़ाइल 'MATH.H' के बारे में

एक हेडर फ़ाइल एक्सटेंशन .h वाली एक फ़ाइल है जिसमें सी फ़ंक्शन घोषणाएं और मैक्रो परिभाषाएं होती हैं जिन्हें विभिन्न स्रोत फ़ाइलों के बीच साझा किया जा सकता है। हेडर फाइलें दो प्रकार की होती हैं: प्रोग्रामर द्वारा लिखी जाने वाली फाइलें और आपके कंपाइलर के साथ आने वाली फाइलें।

MATH.H हेडर फ़ाइल गणितीय संचालन करने के लिए कार्यों का एक सेट घोषित करती है। यह विभिन्न अंकगणितीय कार्यों और मैक्रो HUGE_VAL को परिभाषित करता है। गणितीय कार्यों में त्रिकोणमितीय कार्य, लघुगणक कार्य, बीजगणितीय कार्य, मापांक कार्य आदि शामिल हैं। इन विभिन्न गणितीय कार्यों में, SQRT इस हेडर फ़ाइल में परिभाषित एक कार्य है।

2

बिल्ट-इन फंक्शन 'SQRT' के बारे में

C लाइब्रेरी फ़ंक्शन double sqrt(double x) x का वर्गमूल लौटाता है। sqrt() फ़ंक्शन किसी संख्या के वर्गमूल की गणना करता है।

घोषणा

नीचे sqrt() फ़ंक्शन के लिए घोषणा है।

double sqrt (double x)

मापदंड

x – यह एक फ्लोटिंग पॉइंट वैल्यू है।

प्रतिलाभ की मात्रा

यह फ़ंक्शन x का वर्गमूल लौटाता है।

3

बिल्ट-इन फंक्शन 'SQRT' के साथ प्रोग्राम कोड

प्रोग्रामिंग के एक विशिष्ट पाठ्यक्रम में, किसी संख्या के वर्गमूल को खोजने के लिए, हेडर फ़ाइल "MATH.H" को शामिल करना और वांछित परिणाम प्राप्त करने के लिए अंतर्निहित फ़ंक्शन "SQRT" को कॉल करना सबसे सरल तरीका है।

इस प्रकार, प्रोग्राम कोड को चार मुख्य लाइनों में घटा दिया जाता है। पहली पंक्ति चर के आरंभीकरण के लिए है। दूसरी लाइन इनपुट नंबर प्राप्त करने के लिए है, जिसका वर्गमूल निकालना है। तीसरी पंक्ति इन-बिल्ट फ़ंक्शन को कॉल करके वर्गमूल को संसाधित करना है। और परिणाम अंतिम पंक्ति में प्रदर्शित होता है।

हालांकि प्रोग्राम कोड बहुत छोटा और सरल है। लेकिन, कंपाइलर इसे तब तक बनाता है जब तक कि वह हेडर फाइल "MATH.H" के पूरे कोडिंग और प्रोग्राम कोड पर विचार करता है।

❧

इसलिए, कंपाइलर के लिए प्रोग्राम कोड को छोटा करने के लिए, यह पुस्तक किसी संख्या के वर्गमूल को खोजने के लिए प्रत्यक्ष और वैकल्पिक कोड प्रस्तुत करती है।

4

SQRT फ़ंक्शन के बिना प्रोग्रामिंग - विधि

खैर, यह एक नया विचार होगा कि बिल्ट-इन फ़ंक्शन को कॉल न करें और फिर भी किसी संख्या का सटीक वर्गमूल खोजने में सक्षम हों।

हालाँकि, यह तरीका उतना नया नहीं है जितना कोई सोच सकता है। अवधारणा पुनरावृत विभाजन पद्धति है जिसे हम सभी ने स्कूल में सीखा है।

यह प्रोग्राम किसी संख्या का वर्गमूल ज्ञात करने के लिए उसी विधि का उपयोग करता है।

हालाँकि, वर्तमान प्रोग्राम केवल चयनित संख्याओं के लिए वर्गमूल ढूंढता है। इसका मतलब यह है कि प्रोग्राम उस संख्या का वर्गमूल

खोजता है जो अपने आप में एक पूर्ण वर्ग है।

❧

अतः, एक पूर्णांक के लिए, वर्गमूल भी एक पूर्णांक होगा।

❧

प्रोग्राम लिस्टिंग इस खंड का पालन करें। आशा है पाठकों को यह रोचक और आनंददायक लगेगा।

5

प्रोग्राम कोड लिस्टिंग

```c
void main()
   { long k,j,t,r=0,q=0,i=0,n,num,*a;
   clrscr();
   printf("Enter the number: ");
   scanf("%ld",&n);
   num=n;
   while(num)
   { a[i]=num%100;
   num/=100;
   i++;
   }
   for(j=i-1;j>=0;j--)
   { k=0;
   t=r*100+a[j];
   while(k<10)
   { if((((20*q)+(k+1))*(k+1))>t)
   break;
   k++;
   }
   if((!t)&&(!k)) r=0;
   else r=t-(((20*q)+k)*k);
```

```c
q=(10*q)+k;
}
if((k==1)&&(n>1)&&(n<4)) r=1;
if(r)
printf("The number %ld is not a perfect square.",n);
else
printf("The square root of the number %ld is %ld.",n,q);
getch();
}
```

6
प्रोग्राम कोड लिस्टिंग का आउटपुट

Turbo C++ IDE में प्रोग्राम कोड लिखा, संकलित और निष्पादित किया गया है। विभिन्न इनपुट के साथ निष्पादित होने पर आउटपुट स्क्रीन का प्रतीकात्मक प्रतिनिधित्व निम्नानुसार होगा:

#1

    Enter the number: 1024

    The square root of the number 1024 is 32.

#2

    Enter the number: 1048576

    The square root of the number 1048576 is 1024.

#3

    Enter the number: 2742336

    The square root of the number 2742336 is 1656.

#4

```
Enter the number: 765498
The number 765498 is not a perfect square.
```

निष्कर्ष

संख्या का वर्गमूल ज्ञात करने के लिए प्रोग्राम कोड दिया गया है जो पूर्ण वर्ग है। हालाँकि, दिए गए प्रोग्राम कोड को पूर्ण वर्ग की परवाह किए बिना सभी संख्याओं का वर्गमूल खोजने के लिए बदला जा सकता है। इसके अलावा, प्रोग्रामर एक ही प्रक्रिया का पालन करके किसी भी संख्या के क्यूब रूट और 'Nth' रूट को मैन्युअल रूप से आज़मा सकते हैं। मैं वही कोशिश करूँगा और उनके प्रोग्राम कोड को एक अलग किताब में प्रकाशित करूँगा।

☙

मुझे उम्मीद है कि पाठक प्रोग्राम कोड को स्वयं आज़मा सकते हैं और प्रयोग का आनंद ले सकते हैं।

9 7 9 8 8 8 8 8 3 4 6 5 7